LOI DU 23 JUILLET 1881

SUR

LE RENGAGEMENT DES SOUS-OFFICIERS

DE L'ARMÉE DE TERRE ET DE MER

ET SUR

LES PENSIONS DE RETRAITE

DES

SOUS-OFFICIERS, CAPORAUX OU BRIGADIERS ET SOLDATS OU GENDARMES

DES ARMÉES DE TERRE ET DE MER

suivie de :

1° UN EXTRAIT DE LA LOI DU 18 AOUT 1879 SUR LES PENSIONS DES SOUS-OFFICIERS,
BRIGADIERS ET GENDARMES, DES VEUVES ET DES SECOURS AUX ORPHELINS ;
2° DE L'ORDONNANCE DU 20 JANVIER 1841 ;
3° DES TARIFS OU BARÊMES POUR CHAQUE GRADE ;
4° DE NOTES INTÉRESSANT TOUT PARTICULIÈREMENT LES MILITAIRES DE L'ARME
ET LES VEUVES,

Par le Comm^t KERCHNER.

PARIS

IMPRIMERIE LÉAUTEY, RUE SAINT-GUILLAUME, 24.

1883.

LOI DU 23 JUILLET 1881

SUR

LE RENGAGEMENT DES SOUS-OFFICIERS

DE L'ARMÉE DE TERRE ET DE MER

ET SUR

LES PENSIONS DE RETRAITE

DES

SOUS-OFFICIERS, CAPORAUX OU BRIGADIERS ET SOLDATS OU GENDARMES

DES ARMÉES DE TERRE ET DE MER

suivie de :

1° UN EXTRAIT DE LA LOI DU 18 AOUT 1879 SUR LES PENSIONS DES SOUS-OFFICIERS,
BRIGADIERS ET GENDARMES, DES VEUVES ET DES SECOURS AUX ORPHELINS,
2° DE L'ORDONNANCE DU 20 JANVIER 1841 ;
3° DES TARIFS OU BARÊMES POUR CHAQUE GRADE ;
4° DE NOTES INTÉRESSANT TOUT PARTICULIÈREMENT LES MILITAIRES DE L'ARME
ET LES VEUVES,

Par le Comm^t KERCHNER.

PARIS

IMPRIMERIE LÉAUTEY, RUE SAINT-GUILLAUME, 24

1883.

LOI

SUR

LE RENGAGEMENT DES SOUS-OFFICIERS

ET LES

PENSIONS DE LA TROUPE

DES VEUVES ET DES ORPHELINS.

TITRE Ier.

ÉTAT DES SOUS-OFFICIERS RENGAGÉS OU COMMISSIONNÉS.

Art. 1er. Les sous-officiers sont admis à contracter, pour deux ans au moins, et cinq ans au plus, des rengagements renouvelables d'une durée totale de dix ans.

Après dix ans de rengagement, les sous-officiers peuvent être maintenus sous les drapeaux en qualité de commissionnés jusqu'à l'âge de quarante-sept ans accomplis.

Art. 2. Les sous-officiers peuvent être autorisés à contracter leur premier rengagement dans l'année qui précède le renvoi de leur classe et dans celle qui suit.

Ils peuvent être autorisés à contracter des rengagements ultérieurs dans leur dernière année de service ou pendant les six mois qui suivent leur rentrée dans leurs foyers.

Art. 3. Le nombre total des sous-officiers rengagés ou commissionnés ne peut dépasser, pour l'ensemble de l'armée, les deux tiers de l'effectif normal des sous-officiers.

Sous cette réserve, le ministre détermine tous les ans le nombre des sous-officiers qui pourront être pendant l'année rengagés ou commissionnés dans chaque corps de troupe.

Art. 4. Les autorisations de rengagement ou les commissions ne peuvent être refusées aux sous-officiers, dans les limites de nombre fixées par le ministre, qu'en cas d'avis défavorable du conseil prévu au tableau annexé à la présente loi.

La demande sera transmise hiérarchiquement au commandant de corps d'armée, qui statuera et qui, pour le premier rengagement, délivrera au sous-officier un titre formant brevet.

La rétrogradation ou la cassation du sous-officier rengagé, la mise à la retraite d'office du commissionné ne peuvent être prononcées que par le commandant de corps d'armée, sur l'avis conforme du conseil d'enquête prévu au tableau annexé à la présente loi.

La procédure est la même que pour les officiers.

4

Art. 5. Les sous-officiers sont rengagés ou commissionnés pour le corps dans lequel ils servent.

Toutefois ils peuvent être affectés, sur leur demande et même d'office, par le ministre, à un autre corps de la même arme dans lequel le nombre des rengagés ou commissionnés serait insuffisant.

TITRE II.

AVANTAGES PÉCUNIAIRES, EMPLOIS CIVILS.

Art. 6. Le sous-officier rengagé a droit à une haute paye de 30 centimes à partir du jour du renvoi de sa classe, ou à partir du jour de son rengagement, si cette date est postérieure à celle du renvoi de la classe.

Cette haute paye est portée à 50 centimes après cinq ans de rengagement et à 70 après dix ans.

Le sous-officier marié et logé en ville reçoit une indemnité de logement de 15 francs par mois.

Art. 7. Il est alloué aux sous-officiers qui contractent un premier rengagement de cinq ans une somme de 600 francs à titre de première mise d'entretien et une indemnité de 2,000 francs.

Art. 8. La première mise d'entretien est payée aux sous-officiers immédiatement après la signature de l'acte de rengagement.

Si elle n'est réclamée que partiellement, le restant est placé à la caisse d'épargne et le livret est remis au sous-officier.

L'indemnité de 2,000 francs est conservée par l'État tant que le sous-officier reste sous les drapeaux. L'intérêt à 5 %, soit 100 francs par an, lui est payé à la fin de chaque trimestre à partir du jour où commence le rengagement effectif.

Toutefois, si le sous-officier est autorisé à se marier, l'indemnité de rengagement sera mise à sa disposition après l'expiration du premier rengagement de cinq années.

Art. 9. Les rengagements de moins de cinq ans ne donnent droit, en dehors de la haute paye, à aucune indemnité.

Toutefois les sous-officiers qui, après avoir contracté un rengagement de moins de cinq ans, en contracteront un second destiné à compléter la durée des cinq ans auront droit, sur l'indemnité prévue à l'article précédent, à une part proportionnelle à la durée de ce second rengagement.

Art. 10. Le sous-officier rengagé passant dans la gendarmerie, ou appelé à l'un des emplois militaires prévus par les lois ou règlements, reçoit, sur l'indemnité de 2,000 francs, une part proportionnelle au temps de service qu'il a accompli depuis le jour où compte son rengagement effectif.

Le sous-officier nommé officier n'a pas droit à cette part proportionnelle.

Art. 11. Le sous-officier rengagé qui est retraité ou réformé, soit pour blessures reçues dans un service commandé, soit pour infirmités contractées dans l'armée (congé de réforme n° 1) à une époque quelconque de son rengagement, reçoit intégralement l'indemnité de 2,000 francs.

En cas de décès sous les drapeaux dans les circonstances indiquées à l'art. 19 de la loi du 11 avril 1831, cette somme est attribuée à sa veuve non séparée de corps, et, à défaut de sa veuve, aux héritiers.

Art. 12. Tout sous-officier rengagé qui est réformé, soit pour blessures reçues hors du service, soit pour infirmités contractées hors de l'armée (congé de réforme n° 2), reçoit en quittant le corps une partie de l'indemnité de 2,000 francs proportionnelle au temps de service accompli depuis le jour où compte son rengagement effectif.

Il en est de même pour le sous-officier rengagé qui renonce volontairement à son grade ou le perd par rétrogradation, cassation ou jugement.

Si celui-ci redevient sous-officier avant sa libération, il a droit à une nouvelle part de l'indemnité de 2,000 francs proportionnelle au temps de service accompli depuis la dernière nomination.

Dans le cas de décès dans les circonstances autres que celles prévues à l'article précédent, la partie de l'indemnité de 2,000 francs correspondant au service accompli est attribuée à la veuve non séparée de corps et, à défaut de veuve, aux héritiers.

Art. 13. Les sous-officiers qui, après un premier rengagement de cinq ans, seront admis à en contracter un deuxième de la même durée auront droit à une deuxième mise d'entretien de 500 fr. qui leur sera payée comme la première, après la signature de l'acte de rengagement, soit en espèces, soit en un livret sur la caisse d'épargne.

Après dix ans de rengagement, ils acquièrent des droits à une pension proportionnelle à la durée de leurs services.

Après vingt-cinq ans de service, ils ont droit à une pension de retraite.

Le taux de ces pensions est décompté d'après les lois des 11 avril 1831, 25 juin 1861, 18 août 1879, et le tarif annexé à la présente loi.

La pension est liquidée sur le grade dont le militaire est titulaire depuis deux années consécutives précédant immédiatement l'admission à la retraite et, dans le cas contraire, sur le grade inférieur.

Elle se cumule avec les traitements afférents aux emplois civils dont le militaire peut être pourvu.

Art. 14. Les sous-officiers ayant sept ans de service, dont quatre de sous-officier, participent, au point de vue des emplois civils, aux avantages stipulés par l'art. 1er de la loi du 24 juillet 1873.

Art. 15. Les sous-officiers qui auront cinq ans de rengagement et qui seront portés sur les listes de classement des emplois dressés en conformité de l'art. 8 de la loi du 24 juillet 1873 pourront être pourvus, dans les six derniers mois de leur service, de l'emploi pour lequel ils ont été désignés.

Dans ce cas, ils seront mis en congé et remplacés. Ceux qui n'auraient pas été pourvus de cet emploi au jour de leur libération pourront attendre au corps leur nomination pendant un an au plus.

Dans ce cas, ils continueront à faire leur service et ne seront pas remplacés. Ils seront assimilés aux commissionnés.

Ceux qui préféreront attendre dans leurs foyers leur nomination ne recevront aucune allocation.

Les sous-officiers proposés pour la gendarmerie pourront attendre au corps leur nomination pendant un an au plus, dans les mêmes conditions que les sous-officiers proposés pour les emplois civils.

6

Art. 16. La limite d'âge de trente-six ans, fixée pour l'admission à certains emplois civils, est portée à trente-sept ans.

Art. 17. Tout sous-officier qui jouira de la pension proportionnelle ou de retraite sera pendant cinq ans à la disposition du ministre de la guerre pour le service de l'armée territoriale.

TITRE III.

DISPOSITIONS SPÉCIALES AUX ADJUDANTS, A LA GENDARMERIE ET AUX TROUPES DE LA MARINE.

Art. 18. Sont maintenues les dispositions de l'art. 15 de la loi du 22 juin 1878, portant création d'un emploi d'adjudant dans chaque compagnie des corps d'infanterie, suppression des adjudants de bataillon et suppression d'un emploi de sergent dans les compagnies des corps d'infanterie qui en ont plus de quatre.

Ces dispositions ne sont pas applicables aux troupes du génie.

Les adjudants, admis à la pension proportionnelle ou de retraite, seront pourvus d'emplois de sous-lieutenant dans l'armée territoriale.

Art. 19. Les dispositions spéciales aux pensions des militaires de la gendarmerie (titre IV de la loi du 18 août 1879) sont maintenues (1).

Mais le ministre peut, après avis d'un conseil de discipline, prononcer d'office la retraite proportionnelle des militaires de cette arme.

Art. 20. Sont maintenues les dispositions de l'art. 1er de l'ordonnance du 20 janvier 1841, aux termes desquelles les sous-officiers, caporaux et brigadiers de l'armée admis dans la gendarmerie, soit comme brigadiers, soit comme gendarmes, sont considérés pour la retraite comme étant restés titulaires de leur ancien grade jusqu'à promotion à un grade supérieur à celui-ci dans la gendarmerie (2).

Sont abrogées les dispositions contenues dans l'art. 11 de la loi du 11 avril 1831, spécifiant que la pension de retraite de tout sous-officier, caporal, brigadier ou gendarme ayant douze ans accomplis d'activité dans son grade est augmentée d'un cinquième.

Le taux de la majoration de la pension, établi par l'art. 10 de la loi du 18 août 1879, est modifié ainsi qu'il suit :

18 fr. pour le sous-officier et brigadier ;

15 fr. pour le gendarme.

Art. 21. Les dispositions de la présente loi sont applicables aux troupes de la marine, sous la réserve des modifications suivantes :

L'indemnité de rengagement est fixée à 3,000 fr. La deuxième mise d'entretien à laquelle donne droit un deuxième rengagement de cinq ans est portée à 750 fr.

La haute paye journalière sera portée à 1 fr. après dix ans de rengagement.

Tous les sous-officiers européens du cadre des corps indigènes et des corps qui seraient ultérieurement créés dans les colonies peuvent être rengagés ou commissionnés.

---

(1) Voir page 8.
(2) Voir page 9.

TITRE IV.

DISPOSITIONS TRANSITOIRES.

Art. 22. Les anciens sous-officiers, ayant quitté l'armée active depuis un an au plus au moment de la promulgation de la présente loi, pourront être admis, pour leur ancien corps seulement, à contracter soit un premier, soit un second rengagement de cinq ans, soit à recevoir une commission donnant droit aux avantages stipulés dans la présente loi.

La demande devra en être faite dans les six mois qui suivront la promulgation de la présente loi.

Ce dernier délai sera porté à un an pour les troupes de la marine.

Art. 23. Les chefs ouvriers des corps de troupe qui, lors du licenciement des compagnies hors rang, étaient sous-officiers et ont dû consentir à une rétrogradation pour conserver leur situation, pourront être promus sous-officiers deux ans avant l'époque de leur mise à la retraite, afin de pouvoir jouir de la retraite affectée au grade dont ils étaient primitivement revêtus.

Art. 24. Dès la promulgation de la présente loi, les sous-officiers actuellement sous les drapeaux et ayant plus de dix ans de rengagement seront commissionnés dans les conditions stipulées dans la présente loi.

Ils pourront toutefois être maintenus sous les drapeaux même au delà de quarante-sept ans jusqu'à vingt-cinq ans de service effectif.

TITRE V.

DISPOSITIONS GÉNÉRALES.

Art. 25. Le tarif joint à la loi du 18 août 1879 sur les pensions de retraite est remplacé par le tarif annexé à la présente loi (1). Ce tarif est applicable à toutes les pensions non encore liquidées au moment de la promulgation de la présente loi.

Art. 26. L'art. 3 de la loi du 18 août 1879 sur les pensions des sous-officiers, brigadiers ou caporaux et soldats de l'armée de terre est modifié ainsi qu'il suit :

Ont droit à une pension proportionnelle à la durée de leur service :

1° Les sous-officiers comptant dix ans de rengagement et moins de vingt-cinq ans de service ;

2° Les caporaux ou brigadiers et soldats maintenus sous les drapeaux comme commissionnés, par application de l'art. 35 de la loi du 13 mars 1875 modifiée par la loi du 15 décembre suivant, ainsi que les militaires de tout grade de la gendarmerie qui comptent au moins quinze années de service et moins de vingt-cinq années de service accompli sous les drapeaux.

L'art. 19 n° 4 de la loi du 11 avril 1831 n'est pas applicable aux veuves des sous-officiers, caporaux, brigadiers et soldats morts en jouissance de la pension proportionnelle concédée en vertu du présent article ou en possession de droits à cette pension.

---

(1) Voir ci-contre, page 8

8

Art. 27. Sont abrogées :

1° La loi du 10 juillet 1874 sur les améliorations à apporter à la situation des sous-officiers ;

2° La loi du 22 juin 1878 sur le rengagement des sous-officiers ;

3° Toutes les dispositions contraires à la présente loi.

Tarif annexé à la loi sur les pensions des sous-officiers, caporaux ou brigadiers et soldats de l'armée de terre et de mer.

GRADES.	PENSIONS proportionnelles.	ACCROISSEMENT de 15 à 25 ans de services.	PENSIONS D'ANCIENNETÉ à 25 ans de services.	ACCROISSEMENT de 25 à 45 ans de services.	MAXIMUM à 45 ans.	VEUVES et orphelins. 1re catégorie 1/2.	2e catégorie 3/4.
Adjudant.	455	54 50	1,000	15 »	1,300	650	975
Sergent-major..............	395	50 50	900	15 »	1.200	600	900
Sergent.	365	43 50	800	15 »	1,100	550	825
Caporal....................	347	35 30	700	10 »	900	450	675
Soldat.....................	335	26 50	600	7 50	750	375	563

PENSION DE LA TROUPE ET DES VEUVES.

Articles de la loi du 18 août 1879 maintenus en vigueur par la loi du 23 juillet 1881.

. . . .

TITRE II.

FIXATION DU TAUX DE LA PENSION DE RETRAITE.

Art. 5. La pension pour ancienneté de service comporte un minimum et un maximum qui sont déterminés, pour chaque grade, par le tarif annexé à la présente loi.

Le minimum est acquis à vingt-cinq années de service effectif.

Le maximum est acquis à quarante-cinq ans de services, campagnes comprises.

Chaque année de service en sus des vingt-cinq années et chaque campagne augmentent le minimum d'une somme égale au vingtième de la différence du maximum au minimum.

Art. 6..

Les sous-officiers, caporaux ou brigadiers et les soldats maintenus sous les drapeaux comme commissionnés ont, à quinze ans de service effectif, droit au minimum de la pension proportionnelle de leur grade.

Art. 7. Chaque année de service accomplie en sus des quinze ans, ainsi que chaque campagne, donne droit à une augmentation égale à un dixième de la différence entre le minimum de la pension d'ancienneté et le minimum de la pension proportionnelle.

Toutefois, si les campagnes ajoutées aux années de service forment un total de plus de vingt-cinq ans, les années ou campagnes en sus sont calculées sur le taux d'accroissement des pensions d'ancienneté de vingt-cinq à quarante-cinq ans.

TITRE III.

DES PENSIONS POUR BLESSURES OU INFIRMITÉS.

Art. 9. La pension à titre de blessures ou d'infirmités est acquise dans les conditions déterminées par les prescriptions des lois antérieures.

La liquidation en est calculée d'après les règles indiquées dans lesdites lois.

TITRE IV. ·

DISPOSITIONS SPÉCIALES A L'ARME DE LA GENDARMERIE.

Art. 10. Les tarifs de la présente loi s'appliquent aux pensions des sous-officiers, brigadiers de gendarmerie ou gendarmes. Toutefois, les pensions des militaires de cette arme sont liquidées suivant les dispositions de l'ordonnance du 20 janvier 1841 (1), et, de plus, elles sont augmentées pour chaque année d'activité passée dans la gendarmerie, au delà de quinze ans de service effectif, soit dans l'armée, soit dans la gendarmerie :

De 18 fr. pour le sous-officier et le brigadier (2) ;

De 15 fr. pour le gendarme (2).

---

(1) ORDONNANCE DU 20 JANVIER 1841.

Art. 1er. Les sous-officiers, caporaux ou brigadiers des corps de l'armée qui ont été ou qui seront admis dans la gendarmerie (A), soit comme brigadiers, soit comme gendarmes, seront considérés, à l'avenir, pour la retraite, comme étant restés titulaires de leur ancien grade, jusqu'à promotion à un grade supérieur à celui-ci dans la gendarmerie (B).

Ils compteront comme activité dans leur ancien grade, pour le bénéfice de l'art. 11 de la loi du 11 avril 1831, le temps de service pendant lequel ils en seront restés titulaires, en vertu de la disposition ci-dessus.

Art. 2. Il sera fait application des dispositions de l'article qui précède aux sous-officiers, caporaux ou brigadiers admis dans la gendarmerie après une interruption de service.

Art. 3. Le grade dont ces militaires sont pourvus, indépendamment de l'emploi qu'ils occupent dans la gendarmerie, se perd :

1° Par démission ou congé de service de la gendarmerie ;

2° Par rétrogradation ou cassation ;

3° Par réforme pour inconduite ou pour inaptitude au service de l'arme.

(2) Voir page 6. Le taux de la majoration était, dans la loi du 18 août 1879, de 18 fr. pour les sous-officiers, 15 fr. pour les brigadiers, 8 fr. pour les gendarmes.

(A) La décision impériale du 1er octobre 1861 ajoute les maréchaux des logis venant des adjudants de l'armée.

(B) Le bénéfice de cet article est acquis quel que soit le temps qui s'est écoulé entre la sortie du régiment et l'admission dans la gendarmerie de l'intéressé.

1.

Le droit à ces annuités est acquis après vingt-cinq ans de service effectif. Ce maximum de l'augmentation est atteint à trente ans de service effectif.

Art. 11. Le militaire qui, après être sorti de la gendarmerie pour une cause quelconque, y est réadmis, ne profite de la majoration dont il s'agit que pour le temps accompli dans cette arme depuis sa réadmission.

Art. 12. En cas d'admission à la retraite à titre de blessure ou d'infirmité, le bénéfice des annuités déterminées à l'article précédent est acquis au militaire qui compte plus de quinze ans de service effectif, mais seulement pour le nombre d'années de présence dans l'arme de la gendarmerie.

Art. 13. Les annuités fixées par l'art. 10 seront décomptées et fractionnées selon les règles générales adoptées pour la liquidation des pensions militaires; elles sont déterminées par le grade dont le militaire est titulaire à l'époque de sa mise à la retraite.

TITRE V.

DES PENSIONS DES VEUVES ET DES SECOURS AUX ORPHELINS.

Art. 14. Sont élevés du tiers à la moitié du maximum de la pension d'ancienneté affectée au grade dont le mari ou le père était titulaire ou était en possession de droits à la jouissance, les pensions des veuves et les secours annuels accordés aux orphelins mineurs des sous-officiers, brigadiers, caporaux, soldats ou assimilés.

Art. 15. Sont élevés de la moitié aux trois quarts du maximum de la pension d'ancienneté affectée au grade dont le mari ou le père était titulaire, les pensions et secours auxquels ont droit, aux termes de la loi du 26 avril 1856, les veuves et orphelins des sous-officiers, brigadiers ou caporaux et soldats, dont les maris ou pères ont été tués sur les champs de bataille ou qui ont péri à l'armée et dont la mort a été causée par des événements de guerre.

Art. 16. Dans le cas où les veuves et orphelins des militaires de la gendarmerie ont droit à des pensions ou à des secours annuels, ces pensions et secours annuels, calculés d'après les lois générales sur les pensions militaires, sont augmentés de la moitié des annuités afférentes au temps d'activité passé dans la gendarmerie par le mari ou le père, si ce dernier avait plus de quinze ans de service effectif, soit dans l'armée, soit dans la gendarmerie.

Art. 17. Sont élevés aux trois quarts du maximum de la pension d'ancienneté affectée au grade dont le mari ou le père était titulaire, les pensions de veuves et les secours annuels accordés aux orphelins mineurs des sous-officiers, brigadiers de gendarmerie ou gendarmes qui ont péri par suite de lutte ou combat soutenu dans l'exercice de leurs fonctions.

Les pensions et secours annuels liquidés en vertu du présent article sont augmentés, en outre, des trois quarts des annuités énoncées aux art. 10, 11 et 12.

TARIF DES PENSIONS DE LA TROUPE

ET

DES VEUVES ET ORPHELINS.

Taux des annuités et demi-annuités par grade.

(Voir pour les campagnes les nᵒˢ 8 et 18, pages 17 et 18.)

Les années de service effectif et les années de campagne sont fixées :	Adju-dant.	Maréchal des logis chef	Maréchal des logis.	Briga-dier.	Gen-darme.
Pour la retraite pro-portionnelle de 15 à 25 ans............) Un an....	54 50	50 50	43 50	35 30	26 50
) Six mois..	27 25	25 25	21 75	17 65	13 25
Pour la retraite à ti-tre d'ancienneté, de 25 à 45 ans. ....) Un an. ...	15 »	15 »	15 »	10 »	7 50
) Six mois..	7 50	7 50	7 50	5 »	3 75

Majoration.

18 fr.

Veuves et orphelins.

1ᵉʳ cas. Pension fixée à la moitié.................. 650 fr.

2ᵉ cas. Pension fixée aux trois quarts............. 975

Gendarmerie.

Dans le 1ᵉʳ cas, la pension est augmentée de la moitié de la majoration déterminée par le grade dont le mari ou le père était titulaire à l'époque de sa mise à la retraite ou de son décès.

Dans le second cas, elle est augmentée des trois quarts.

1ʳᵉ et 2ᵉ classe.

Amputation de deux membres ou perte de la vue................................... 1,690 fr.

3ᵉ et 4ᵉ classe.

Amputation d'un membre ou perte de l'usage de deux membres....................... 1,300

5ᵉ classe.

(1) Minimum de la pension, augmenté d'autant d'annuités qu'il y a d'années de service et de campagnes.
(2) Maximum à 20 ans de service, campagnes comprises.

6ᵉ classe.

Minimum de la pension avec accroissement pour chaque année de service ou de campagne au delà de 25 ans.
(1) Minimum à 25 ans de service) campagnes comprises.
(2) Maximum à 45 ans de service)

PENSIONS FIXES.	PENSION PROPORTIONNELLE.			ANCIENNETÉ DE SERVICE, BLESSURES ET INFIRMITÉS.		
	Ans.	Mois.	Pension.	Ans.	Mois.	Pension.
	15	»	455 »	25	»	(1) 1,000 »
	15	6	482 25	25	6	1,007 50
	16	»	509 50	26	»	1,015 »
	16	6	536 75	26	6	1,022 50
	17	»	564 »	27	»	1,030 »
	17	6	591 25	27	6	1,037 50
	18	»	618 50	28	»	1,045 »
	18	6	645 75	28	6	1,052 50
	19	»	673 »	29	»	1,060 »
	19	6	700 25	29	6	1,067 50
	20	»	727 50	30	»	1,075 »
	20	6	754 75	30	6	1,082 50
	21	»	782 »	31	»	1,090 »
	21	6	809 25	31	6	1,097 50
	22	»	836 50	32	»	1,105 »
	22	6	863 75	32	6	1,112 50
	23	»	891 »	33	»	1,120 »
	23	6	918 25	33	6	1,127 50
	24	»	945 50	34	»	1,135 »
	24	6	972 75	34	6	1,142 50
	25	»	1000 »	35	»	1,150 »
				35	6	1,157 50
				36	»	1,165 »
				36	6	1,172 50
				37	»	1,180 »
				37	6	1,187 50
				38	»	1,195 »
				38	6	1,202 50
				39	»	1,210 »
				39	6	1,217 50
				40	»	1,225 »
				40	6	1,232 50
				41	»	1,240 »
				41	6	1,247 50
				42	»	1,255 »
				42	6	1,262 50
				43	»	1,270 »
				43	6	1,277 50
				44	»	1,285 »
				44	6	1,292 50
				45	»	(2) 1,300 »

NOTA.— Voir, pour la majoration et autres explications particulières à la Gendarmerie, pages 17 et suivantes de la présente brochure.

PENSIONS FIXES.	PENSION PROPORTIONNELLE.			ANCIENNETÉ DE SERVICE, BLESSURES ET INFIRMITÉS.		
	Ans.	Mois.	Pension.	Ans.	Mois.	Pension.

PENSIONS FIXES.

Majoration.
18 fr.

Veuves et orphelins.

1er cas. Pension fixée, à la moitié................. 600 fr.

2o cas. Pension fixée aux trois quarts........... 900

Gendarmerie.

Dans le 1er cas, la pension est augmentée de la moitié de la majoration déterminée par le grade dont le mari ou le père était titulaire à l'époque de sa mise à la retraite ou de son décès.

Dans le second cas, elle est augmentée des trois quarts.

1re et 2o classe.
Amputation de deux membres ou perte de la vue.................................... 1,560 fr.

3o et 4e classe.
Amputation d'un membre ou perte de l'usage de deux membres...................... 1,200

5e classe.
(1) Minimum de la pension, augmenté d'autant d'annuités qu'il y a d'années de service et de campagnes.
(2) Maximum à 20 ans de service, campagnes comprises.

6o classe.
Minimum de la pension avec accroissement pour chaque année de service ou de campagne au delà de 25 ans.
(1) Minimum à 25 ans de service } campagnes comprises.
(2) Maximum à 45 ans de service }

Colonnes numériques :

Ans.	Mois.	Pension (proportionnelle).	Ans.	Mois.	Pension (ancienneté).
15	»	395 »	25	»	(1) 900 »
15	6	420 25	25	6	907 50
16	»	445 50	26	»	915 »
16	6	470 75	26	6	922 50
17	»	496 »	27	»	930 »
17	6	521 25	27	6	937 50
18	»	546 50	28	»	945 »
18	6	571 75	28	6	952 50
19	»	597 »	29	»	960 »
19	6	622 25	29	6	967 50
20	»	647 50	30	»	975 »
20	6	672 75	30	6	982 50
21	»	698 »	31	»	990 »
21	6	723 25	31	6	997 50
22	»	748 50	32	»	1,005 »
22	6	773 75	32	6	1,012 50
23	»	799 »	33	»	1,020 »
23	6	824 25	33	6	1,027 50
24	»	849 50	34	»	1,035 »
24	6	874 75	34	6	1,042 50
25	»	900 »	35	»	1,050 »
			35	6	1,057 50
			36	»	1,065 »
			36	6	1,072 50
			37	»	1,080 »
			37	6	1,087 50
			38	»	1,095 »
			38	6	1,102 50
			39	»	1,110 »
			39	6	1,117 50
			40	»	1,125 »
			40	6	1,132 50
			41	»	1,140 »
			41	6	1,147 50
			42	»	1,155 »
			42	6	1,162 50
			43	»	1,170 »
			43	6	1,177 50
			44	»	1,185 >
			44	6	1,192 50
			45	»	(2)1,200 »

NOTA. — Voir, pour la majoration et autres explications particulières à la Gendarmerie, pages 17 et suivantes de la présente brochure.

PENSIONS FIXES.

Majoration.

18 fr.

Veuves et orphelins.

1er cas. Pension fixée à la moitié.................. 550 fr.

2e cas. Pension fixée aux trois quarts............. 825

Gendarmerie.

Dans le 1er cas, la pension est augmentée de la moitié de la majoration déterminée par le grade dont le mari ou le père était titulaire à l'époque de sa mise à la retraite ou de son décès.

Dans le second cas, elle est augmentée des trois quarts.

1re et 2e classe.

Amputation de deux membres ou perte de la vue... 1,430 fr.

3e et 4e classe.

Amputation d'un membre ou perte de l'usage de deux membres........................ 1,100 fr.

5e classe.

(1) Minimum de la pension, augmenté d'autant d'annuités qu'il y a d'années de service et de campagnes.
(2) Maximum à 20 ans de service, campagnes comprises.

6e classe.

Minimum de la pension avec accroissement pour chaque année de service ou de campagne au delà de 25 ans.
(1) Minimum à 25 ans de service } campagnes comprises.
(2) Maximum à 45 ans de service }

PENSION PROPORTIONNELLE.			ANCIENNETÉ DE SERVICE, BLESSURES ET INFIRMITÉS.		
Ans.	Mois.	Pension.	Ans.	Mois.	Pension.
15	»	365 »	25	»	(1) 800 »
15	6	386 75	25	6	807 50
16	»	408 50	26	»	815 »
16	6	430 25	26	6	822 50
17	»	452 »	27	»	830 »
17	6	473 75	27	6	837 50
18	»	495 50	28	»	845 »
18	6	517 25	28	6	852 50
19	»	539 »	29	»	860 »
19	6	560 75	29	6	867 50
20	»	582 50	30	»	875 »
20	6	604 25	30	6	882 50
21	»	626 »	31	»	890 »
21	6	647 75	31	6	897 50
22	»	669 50	32	»	905 »
22	6	691 25	32	6	912 50
23	»	713 »	33	»	920 »
23	6	734 75	33	6	927 50
24	»	756 50	34	»	935 »
24	6	778 25	34	6	942 50
25	»	800 »	35	»	950 »
			35	6	957 50
			36	»	965 »
			36	6	972 50
			37	»	980 »
			37	6	987 50
			38	»	995 »
			38	6	1,002 50
			39	»	1,010 »
			39	6	1,017 50
			40	»	1,025 »
			40	6	1,032 50
			41	»	1,040 »
			41	6	1,047 50
			42	»	1,055 »
			42	6	1,062 50
			43	»	1,070 »
			43	6	1,077 50
			44	»	1,085 »
			44	6	1,092 50
			45	»	(2) 1,100 »

NOTA. — Voir, pour la majoration et autres explications particulières à la Gendarmerie, pages 17 et suivantes de la présente brochure.

PENSIONS FIXES.

Majoration.

18 fr.

Veuves et orphelins.

1er cas. Pension fixée à la moitié................... 450 fr.

2e cas. Pension fixée aux trois quarts............. 675

Gendarmerie.

Dans le 1er cas, la pension est augmentée de la moitié de la majoration déterminée par le grade dont le mari ou le père était titulaire à l'époque de sa mise à la retraite ou de son décès.

Dans le second cas, elle est augmentée des trois quarts.

1re *et* 2e *classe.*

Amputation de deux membres ou perte de la vue... 1,170 fr.

3e *et* 4e *classe.*

Amputation d'un membre ou perte de l'usage de deux membres..................... 900

5e *classe.*

(1) Minimum de la pension, augmenté d'autant d'annuités qu'il y a d'années de service et de campagnes.
(2) Maximum à 20 ans de service, campagnes comprises.

6e *classe.*

Minimum de la pension avec accroissement pour chaque année de service ou de campagne au delà de 25 ans.
(1) Minimum à 25 ans de service ⎰ campagnes comprises.
(2) Maximum à 45 ans de service ⎱

PENSION PROPORTIONNELLE.			ANCIENNETÉ DE SERVICE, BLESSURES ET INFIRMITÉS.		
Ans.	Mois.	Pension.	Ans.	Mois.	Pension.
15	»	347 »	25	»	(1) 700
15	6	364 65	25	6	705
16	»	382 30	26	»	710
16	6	399 95	26	6	715
17	»	417 60	27	»	720
17	6	435 25	27	6	725
18	»	452 90	28	»	730
18	6	470 55	28	6	735
19	»	488 20	29	»	740
19	6	505 85	29	6	745
20	»	523 50	30	»	750
20	6	541 15	30	6	755
21	»	558 80	31	»	760
21	6	576 45	31	6	765
22	»	594 10	32	»	770
22	6	611 75	32	6	775
23	»	629 40	33	»	780
23	6	647 05	33	6	785
24	»	664 70	34	»	790
24	6	682 35	34	6	795
25	»	700 »	35	»	800
			35	6	805
			36	»	810
			36	6	815
			37	»	820
			37	6	825
			38	»	830
			38	6	835
			39	»	840
			39	6	845
			40	»	850
			40	6	855
			41	»	860
			41	6	865
			42	»	870
			42	6	875
			43	»	880
			43	6	885
			44	»	890
			44	6	895
			45	»	(2) 900

NOTA. — Voir, pour la majoration et autres explications particulières à la Gendarmerie, pages 17 et suivantes de la présente brochure.

PENSIONS FIXES.

Majoration.

15 fr.

Veuves et orphelins.

1er cas. Pension fixée à la moitié.............. 375 fr.

2e cas. Pension fixée aux trois quarts............. 563

Gendarmerie.

Dans le 1er cas, la pension est augmentée de la moitié de la majoration déterminée par le grade dont le mari ou le père était titulaire à l'époque de sa mise à la retraite ou de son décès.

Dans le second cas, elle est augmentée des trois quarts.

1re et 2e classe.

Amputation de deux membres ou perte de la vue.................. 975 fr.

3e et 4e classe.

Amputation d'un membre ou perte de l'usage de deux membres...................... 750

5e classe.

(1) Minimum de la pension, augmenté d'autant d'annuités qu'il y a d'années de service et de campagnes.

(2) Maximum à 20 ans de service, campagnes comprises.

6e classe.

Minimum de la pension avec accroissement pour chaque année de service ou de campagne au delà de 25 ans.

(1) Minimum à 25 ans de service } campagnes comprises.

(2) Maximum à 45 ans de service }

PENSION PROPORTIONNELLE.			ANCIENNETÉ DE SERVICE, BLESSURES ET INFIRMITÉS.		
Ans.	Mois.	Pension.	Ans.	Mois.	Pension.
15	»	335 »	25	»	(1) 600 »
15	6	348 25	25	6	603 75
16	»	361 50	26	»	607 50
16	6	374 75	26	6	611 25
17	»	388 »	27	»	615 »
17	6	401 25	27	6	618 75
18	»	414 50	28	»	622 50
18	6	427 75	28	6	626 25
19	»	441 »	29	»	630 »
19	6	454 25	29	6	633 75
20	»	467 50	30	»	637 50
20	6	480 75	30	6	641 25
21	»	494 »	31	»	645 »
21	6	507 25	31	6	648 75
22	»	520 50	32	»	652 50
22	6	533 75	32	6	656 25
23	»	547 »	33	»	660 »
23	6	560 25	33	6	663 75
24	»	573 50	34	»	667 50
24	6	586 75	34	6	671 25
25	»	600 »	35	»	675 »
			35	6	678 75
			36	»	682 50
			36	6	686 25
			37	»	690 »
			37	6	693 75
			38	»	697 50
			38	6	701 25
			39	»	705 »
			39	6	708 75
			40	»	712 50
			40	6	716 25
			41	»	720 »
			41	6	723 75
			42	»	727 50
			42	6	731 25
			43	»	735 »
			43	6	738 75
			44	»	742 50
			44	6	746 25
			45	»	(2) 750 »

NOTA. — Voir, pour la majoration et autres explications particulières à la Gendarmerie, pages 17 et suivantes de la présente brochure.

EXPLICATIONS PARTICULIÈRES A LA GENDARMERIE.

1. — La majoration, déterminée suivant le grade, est acquise en cas de retraite à titre d'ancienneté, pour les années passées dans la gendarmerie de quinze à trente ans *(art. 10 et 13 de la loi du 18 août 1879. V. pages 9 et 10)*.

Exemple : Un militaire qui aurait été maréchal des logis dans l'armée et qui serait simple gendarme au moment de son admission à la retraite serait retraité, en vertu de l'art. 1er de l'ordonnance du 20 janvier 1841, comme maréchal des logis; mais il n'aurait que la majoration déterminée pour les gendarmes.

2. — En cas de retraite à titre de blessures ou d'infirmités, la majoration est accordée pour les années passées dans la gendarmerie à partir de quinze ans de service *(art. 12 de ladite loi. V. page 10)*.

3. — Les années de service effectif au delà de trente ans ne donnent pas droit à la majoration *(V. l'art. 10 de ladite loi, page 9)*.

4. — Le militaire qui, après être sorti de la gendarmerie pour une cause quelconque, y est réadmis, ne profite de la majoration que pour le temps accompli dans cette arme depuis sa réadmission *(art. 11 de la loi précitée, p. 10)*.

5. — Un militaire qui, après être sorti de la gendarmerie pour une cause quelconque, est réadmis dans l'arme perd le bénéfice du grade dont il était antérieurement titulaire, soit dans l'armée, soit dans la gendarmerie *(V. l'ordonnance précitée du 20 janvier 1841, p. 9)*; mais ceux qui, étant gradés dans la gendarmerie, remettent volontairement leurs galons conservent le droit à la pension du grade dont ils étaient titulaires immédiatement avant leur entrée dans la gendarmerie *(avis du Conseil d'Etat du 28 décembre 1881)*.

6. — Les militaires qui obtiennent d'être commissionnés, après avoir quitté les drapeaux, ne peuvent réclamer la pension proportionnelle, bien qu'ayant le temps voulu pour la retraite, qu'après avoir servi cinq ans en cette qualité *(art. 35 de la loi du 13 mars 1875, modifié par la loi du 15 décembre de la même année)*.

7. — La pension du grade dont un militaire est titulaire au moment de son admission à la retraite n'est acquise qu'après deux ans de possession de ce grade, à moins qu'il ne soit retraité d'office ou pour blessures ou infirmités *(V. page 5)*.

8. — Un militaire qui est admis à la retraite d'office ou sur sa demande, entre quinze et vingt-cinq ans de service effectif, ne peut avoir qu'une retraite proportionnelle, lors même qu'il aurait beaucoup de campagnes. Dans ce cas, comme pour la retraite à titre d'ancienneté, les années de campagnes sont ajoutées aux années de service et la pension est réglée d'après le nombre total de ces années.

Exemple : { Années de services....... 23 ans } 38 ans.
{ Années de campagnes ...... 15 }

Pour une retraite de maréchal des logis, la pension sera de...... 995ᶠ »
Pour une retraite de gendarme qui n'a pas été gradé 697 50

9. — La retraite proportionnnelle ne donne droit ni à la majoration, ni à pension pour les veuves, ni à des secours pour les orphelins.

10. — Les pensions proportionnelles après quinze ans de service ne pouvant pas être assimilées aux pensions de retraite à titre d'ancienneté, il n'y a pas lieu de tenir compte des services civils dans la liquidation de ces pensions *(avis du Conseil d'État des 13 mars 1875, 18 août 1879 et 20 janvier 1880)*.

11. — Les pensions militaires dans la fixation desquelles il entre des services civils pour atteindre les vingt-cinq ans exigés ne peuvent, en aucun cas, être cumulées avec un traitement civil d'activité *(art. 27 de la loi du 11 avril 1831)*.

12. — Après avis du conseil disciplinaire, le ministre peut prononcer d'office la mise à la retraite des militaires de l'arme *(art. 19 de la nouvelle loi du 23 juillet 1881, page 6)*.

13. — La réforme par mesure disciplinaire fait perdre le bénéfice de l'ordonnance du 20 janvier 1841 aux militaires qui ont le temps de service voulu pour la retraite proportionnelle *(avis du Conseil d'Etat des 29 mai et 1er juin 1880)*.

14. — Le sous-officier ou brigadier qui se retire avec une pension proportionnelle ne peut être réadmis dans l'arme que comme gendarme, s'il est porteur d'un certificat de bonne conduite n° 1 et s'il réunit les conditions voulues par l'art. 18 du décret du 1er mars 1854 *(note ministérielle du 7 août 1877)*.

15. — Lorsqu'un militaire en retraite proportionnelle revient dans la gendarmerie, sa pension est suspendue durant le temps de cette nouvelle activité, et, quelle que soit la position antérieure de ce militaire, sa retraite n'est liquidée, par la suite, que sur le grade qu'il occupe au moment de sa réadmission à la retraite *(note ministérielle du 4 avril 1877)*.

16. — Les sous-officiers, brigadiers et gendarmes en instance de retraite soit proportionnelle, soit à titre d'ancienneté, sont autorisés à demander à se retirer dans leurs foyers en attendant la fixation de leur pension *(art. 42 du décret du 1er mars 1854, décision présidentielle du 15 octobre 1880 et circulaire du 20 du dit)*.

17. — La loi nouvelle n'est pas applicable aux pensions qui étaient inscrites au grand livre au moment de sa promulgation. *(V. art. 25, page 7.)*

18. — Les campagnes sont simples ou doubles, suivant les régions et les conditions dans lesquelles elles ont eu lieu. Chaque période dont la durée est moindre de douze mois compte comme une campagne accomplie ; mais il ne peut être compté plus d'une campagne dans une période de douze mois *(art. 8 de la loi du 11 avril 1831)*.

Exemples :
- Italie, du 20 avril 1859 au 19 avril 1860............ 1 campagne.
- Afrique, du 10 août 1863 au 11 août 1864.......... 2 id.
- Contre l'Allemagne, du 20 juillet 1870 au 7 mars 1871 ⎫ 1 id.
- A l'intérieur, du 18 mars au 7 juin 1871......... ⎭

19. — Quinze jours en plus d'une année de service effectif donnent droit à six mois pour la retraite. — Six mois et quinze jours comptent pour une année *(circulaire du 15 juillet 1819)*.

20. — Tout pourvoi contre la liquidation d'une pension militaire doit être formé, à peine de déchéance, dans le délai de trois mois, à partir du jour du premier paiement des arrérages, pourvu qu'avant ce premier paiement les bases de la liquidation aient été notifiées *(art. 25, loi du 11 avril 1831)*.

21. — Les arrérages d'une pension sont payés, savoir :
1° Pour les hommes en congé ou dans leurs foyers par suite de libération provisoire, à partir du jour du décret de concession de la pension ; 2° pour les sous-officiers, brigadiers et gendarmes autorisés par *le ministre de la guerre* à se retirer dans leurs foyers en attendant la fixation de leur retraite, à partir du jour de leur radiation des contrôles de la compagnie *(décision présidentielle du 27 décembre 1880)*.

22. — Les pensions militaires et leurs arrérages sont incessibles et insaisissables, excepté dans le cas de dettes envers l'Etat et dans les circonstances prévues par les art. 203 et 205 du Code civil. Dans ces deux cas, les pensions militaires sont passibles de retenues, qui ne peuvent excéder le cinquième de leur montant pour cause de dettes, et le tiers pour aliments *(art. 28 de la loi précitée du 11 avril 1831. V. les avis du Conseil d'Etat des 11 et 23 janvier 1808)*.

23. — Le cinquième, après douze ans de grade pour les gradés et douze ans de service dans l'arme pour les gendarmes qui n'ont pas été gradés, est supprimé par l'art. 20 de la nouvelle loi *(V. page 6)*.

24. — Les auxiliaires algériens ont droit à la retraite proportionnelle comme tous les militaires commissionnés *(décision ministérielle du 10 octobre 1877, adressée au général commandant le 19° corps d'armée)*.

25. — La réforme par mesure disciplinaire fait perdre le bénéfice de l'ordonnance du 20 janvier 1841 au militaire qui a le temps de service voulu pour la retraite proportionnelle ; mais elle ne fait pas perdre le grade dont il est titulaire dans la gendarmerie au moment de sa radiation des contrôles, s'il n'a pas été préalablement cassé *(avis du Conseil d'Etat des 29 mai et 1ᵉʳ juin 1880)*.

VEUVES ET ORPHELINS. — PIÈCES A PRODUIRE.

1° DES DROITS A LA PENSION.

Ont droit à une pension viagère :

1° Les veuves des militaires tués sur le champ de bataille ou dans un service commandé ;

2° Les veuves des militaires qui ont péri à l'armée ou hors d'Europe, et dont la mort a été causée, soit par des événements de guerre, soit par des maladies contagieuses ou endémiques, aux influences desquelles ils ont été soumis par les obligations de leur service ;

3° Les veuves des militaires morts des suites de blessures reçues, soit sur les champs de bataille, soit dans un service commandé, pourvu que le mariage soit antérieur à ces blessures ; la cause, la nature et les suites des blessures seront justifiées dans les formes et dans les délais prescrits par un règlement d'administration publique ;

Aux termes des lois des 12 et 29 août 1870, ces dispositions sont également applicables aux veuves des gardes nationaux mobiles ou mobilisés et des citoyens faisant partie des corps francs reconnus par l'autorité militaire.

4° Les veuves de militaires morts en jouissance de la pension de retraite ou en possession de droits à cette pension, pourvu que le mariage ait été contracté deux ans avant la cessation de l'activité ou du traitement militaire du mari, ou qu'il y ait un ou plusieurs enfants issus du mariage antérieur à cette cessation.

Dans les cas prévus par le présent article, le mariage contracté par des militaires en activité de service postérieurement à la promulgation du décret du 19 juin 1808 n'ouvrira de droits à pension aux veuves et aux enfants qu'autant qu'il aura été autorisé dans les formes prescrites par ledit décret *(art. 19 de la loi du 11 avril 1831)*.

En cas de séparation de corps, la veuve d'un militaire ne peut prétendre à aucune pension ; les enfants, s'il y en a, sont considérés comme orphelins *(art. 20, idem)*.

Cet article a été ainsi modifié par l'art. 6 de la loi du 25 juin 1861 : « En cas de séparation de corps, la femme contre laquelle elle a été admise ne peut prétendre à la pension de veuve ; en ce cas, les enfants, s'il y en a, sont considérés comme orphelins. »

Après le décès de la mère, ou lorsque, par l'effet des dispositions de l'article précédent, elle se trouve déchue de ses droits à la pension, l'enfant ou les enfants mineurs des militaires morts dans les cas prévus par l'art. 19 ont droit, quel que soit leur nombre, à un secours annuel égal à la pension que la mère aurait été susceptible d'obtenir.

Ce secours est payé jusqu'à ce que le plus jeune d'entre eux ait atteint l'âge de vingt et un ans accomplis ; mais, dans ce cas, la part des majeurs est reversible sur la tête des mineurs *(art. 21, idem)*.

2° JUSTIFICATION DES DROITS A PENSION.

Les causes des blessures seront justifiées, soit par des rapports officiels et autres documents authentiques qui auront constaté le fait, soit par le certificat des autorités militaires, soit enfin par une information ou enquête prescrite et dirigée par les mêmes autorités *(art. 5 de l'ordonnance du 2 juillet 1831)*.

Lesdites justifications spécifieront la nature des blessures, ainsi que l'époque, le lieu et les circonstances, soit des événements de guerre, soit du service commandé où elles auront été reçues *(art. 6, idem)*.

Dans le cas prévu par le paragraphe 3 de l'art. 19 de la loi du 11 avril 1831, les causes, la nature et les suites des blessures des militaires décédés seront justifiées, par leurs veuves, dans les formes et dans les délais ci-après déterminés *(art. 19, idem)*.

Les causes et la nature des blessures seront justifiées ainsi qu'il est prescrit aux art. 5 et 6 ci-dessus, relativement aux droits des militaires *(art. 20, idem)*.

Les suites des blessures seront justifiées par des certificats authentiques d'officiers de santé militaires ou civils, lesquels devront déclarer que lesdites blessures ont occasionné la mort du blessé.

Si le décès survient après que le blessé aura obtenu guérison suffisante pour reprendre son service ou une année révolue après la blessure, la veuve ne pourra invoquer la disposition du paragraphe 3 de l'art. 19 de la loi du 11 avril 1831 *(art 21, idem)*.

Dans le cas prévu par le paragraphe 2 de l'art. 19 de la loi du 11 avril 1831, les causes de la mort seront justifiées dans les formes ci-après déterminées *(art. 22, idem)*.

Si la mort a été causée par des événements de guerre, ces événements devront être constatés ainsi qu'il est prescrit à l'art. 5 ci-dessus.

Il sera en outre justifié, dans les mêmes formes ou par des certificats authentiques d'officiers de santé, que lesdits événements ont été la cause directe et immédiate de la mort du militaire.

Les demandes devront être formées dans le délai prescrit par le troisième paragraphe de l'art. 21 de la présente ordonnance *(art. 23, idem)*.

Les causes de mort par maladies contagieuses ou endémiques seront justifiées :

1° Par un certificat des autorités civiles ou militaires, constatant qu'à l'époque du décès les maladies régnaient dans le pays où le militaire est décédé ;

2° Par un certificat de l'autorité militaire, constatant que le militaire décédé a été soumis par son service à l'influence de ces maladies ;

3° Par un certificat dûment légalisé, soit des officiers de santé en chef de l'hôpital où le militaire est mort, soit de l'officier de santé militaire ou civil qui l'aura traité dans sa maladie.

Dans le cas où il y aurait impossibilité de se procurer le certificat des officiers de santé, il y sera suppléé par une information ou enquête prescrite ou dirigée par les autorités civiles ou militaires du pays *(art. 24, idem)*.

Les pensions à liquider en faveur des militaires et de leurs veuves, ainsi que les secours annuels en faveur des orphelins, ne pourront donner lieu au rappel de plus de trois années d'arrérages antérieurs à la date de l'insertion au Bulletin des lois des ordonnances des concessions de ces mêmes pensions *(art. 5 de la loi du 17 avril 1833)*.

A l'avenir, tout militaire, veuve ou orphelin de militaire, qui se trouvera en demeure de faire valoir ses droits à l'obtention d'une pension ou d'un secours annuel, sera tenu de se pourvoir en liquidation auprès du ministre de la guerre, dans un délai dont la durée ne pourra excéder cinq ans, sans préjudice des règles déjà fixées et des déchéances encourues ou à encourir, d'après la législation en vigueur sur les pensions de l'armée de terre; passé ce délai, les demandes ne seront pas admises *(art. 6, idem)*.

3° PIÈCES A FOURNIR.

1° Demande de pension adressée au ministre de la guerre et légalisée par le maire de la commune ou de l'arrondissement, si le domicile est à Paris;

<table>
<tr><td>

2° Acte de naissance de la veuve;
3° Acte de célébration du mariage;
4° Acte de décès du mari;

</td><td>

Ces pièces doivent être légalisées par le président du tribunal de première instance de l'arrondissement du domicile, si elles ne sont pas délivrées dans le département de la Seine.

</td></tr>
</table>

5° L'état de service ou la lettre de pension du mari, ou, à leur défaut, un bulletin indicatif de l'époque de la cessation d'activité. Ce bulletin sera demandé directement au ministre de la guerre;

6° Certificat délivré par l'autorité civile sur la déclaration de trois témoins et constatant qu'il n'y a eu entre les époux ni divorce ni séparation de corps, et que la veuve est en possession de ses droits civils; ces deux dernières constatations seront seules nécessaires pour les mariages postérieurs à la loi du 8 mai 1816, qui a aboli le divorce; à la suite, faire certifier par une déclaration de la veuve portant que le mari n'a laissé aucun enfant mineur né d'un mariage antérieur *(circ. du 12 mai 1879)*.

Si le militaire a été tué sur le champ de bataille, dans un service commandé, ou est mort des suites d'infirmités contractées en activité et résultant de son service, des certificats justificatifs de l'époque, du lieu et des circonstances de la mort du mari seront délivrés par le conseil d'administration du corps et par les médecins qui l'ont traité.

Toutes les pièces peuvent être établies *sur papier non timbré et sans frais*, conformément à l'art. 64 de la loi du 28 fructidor an VII, à la décision du ministre des finances du 15 janvier 1823 et aux décisions qui régissent l'impôt du timbre.

Celles qui seront délivrées en pays étranger doivent être accompagnées d'une traduction exacte et être légalisées par l'agent diplomatique français, autrement elles ne sont pas susceptibles d'être revêtues, au ministère des affaires étrangères, du visa sans lequel elles ne peuvent faire foi devant l'administration française.

Les demandes pour les orphelins doivent être formées *par le tuteur*. Elles doivent être accompagnées, outre les pièces 2, 3, 4 et 5 :

1° De l'acte de décès de la mère ;

2° De l'acte de naissance des orphelins ;

3° De leur certificat de vie ;

4° D'un extrait de la délibération du conseil de famille réuni pour la nomination du tuteur, ou, à défaut, d'un certificat du sous-intendant militaire chargé de l'instruction, attestant que cet extrait lui a été présenté.

Lorsque le militaire est en instance de retraite pour infirmités, la pièce indiquée plus haut au n° 5° est remplacée par un document justificatif de l'envoi au ministre de la guerre du mémoire de proposition (*art. II du tableau VIII annexé au* Manuel des pensions).

OBSERVATIONS.

L'instruction des demandes de pension par l'autorité militaire nécessitant un certain délai, on doit se dispenser de recourir, pour en accélérer la concession, aux agents d'affaires, dont l'intervention ne peut qu'occasionner des frais inutiles.

NOTA. 1. — Le maire ayant franchise avec les sous-intendants militaires, les pièces relatives aux pensions et secours peuvent parvenir à ce fonctionnaire sans frais aucuns pour l'intéressé.

2. — Les droits conférés par les art. 14, 15, 16 et 17 de la loi du 18 août 1879 sont acquis à la veuve qui était mariée avant l'admission de son mari dans la gendarmerie, au même titre qu'à celle dont le mariage a eu lieu dans les conditions voulues par le 2e paragraphe du n° 4° de l'art. 19 de la loi du 11 avril 1831.

3. — Quelle que soit la loi en vertu de laquelle un militaire a été retraité, si à sa mort une pension est due à sa veuve, elle sera réglée d'après les chiffres fixés dans les tableaux qui précèdent.

4. — La veuve titulaire d'une pension civile ou militaire peut, sans préjudicier à ses droits, convoler en secondes noces, pourvu que son mari soit Français ou naturalisé Français. — Le mariage avec un étranger entraînerait la perte de sa qualité de Française et par suite la perte du droit à pension. La femme devenue étrangère par son mariage recouvre sa qualité de Française au décès de son mari et rentre dans la possession de sa pension (*arrêt du Conseil d'Etat du 26 décembre* 1868).

5. — Les veuves des militaires qui, au moment de leur décès, étaient en jouissance d'une retraite proportionnelle n'ont droit à aucune pension.

6. — *Certificats de vie.* — Tous les notaires peuvent délivrer des certificats de vie aux titulaires de pensions ou de rentes viagères (*ordonnance du 6 juin* 1839).

La rétribution pour la délivrance de ces certificats est fixée ainsi qu'il suit par l'art. 46 de la loi du 9 novembre 1853.

Pour chaque trimestre à percevoir :

De 600 fr. et au-dessus	50 cent.
De 600 fr. à 301 fr.	35
De 301 fr. à 101 fr.	25
De 101 fr. à 50 fr.	20
Au-dessous de 50 fr.	00

Le même tarif a été adopté, par décret du 2 août 1860, pour les certificats de vie nécessaires aux personnes qui touchent des traitements de la Légion d'honneur ou de la médaille militaire.

A l'avenir, le traitement de la Légion d'honneur aura lieu aux mêmes dates et aux mêmes caisses que les pensions viagères ; et, à partir du 1er juin 1882, un seul certificat de vie suffira pour toucher ces deux allocations (*art.* 13 *de la loi de finances du* 29 *juillet* 1881. — Journal de la gendarmerie, *p.* 333).

TABLE DES MATIÈRES.

Imprimerie Léautey, rue Saint-Guillaume, 24.

9 782016 140680